Introspektion

Texte

von

Bertram

Marstaller

.

Farbiges Dresden

In Dresden wurden die Sachen nichts so
schnell gefärbt, obwohl Einige der Meinung
waren, dass die Unterlagen locker zart
und weich über den glatten Boden fließen.
Ein kühler Hauch streift, umzieht die
Wangen und drückt die vordere Haarreihe
sanft nach hinten.

Tor

Torstangen mit Netz stehen schräg

Auf einen Platz an der Straße bei

Sonnenlicht mit einzelnen Wolken, die

Luft bewegt sich nicht, am Boden sind

Steine, einzelne Ameisen, Tierchen kriechen

umher.

Auf der großen Straße rasen die Autos vorbei.

Einsamkeit, Öde im nicht sichtbaren sterilen

Menschenmeer.

American Florida

Natural Born Killers, Wüstenplanet, Anlockung

durch klopfen auf den Boden, hier rennen Sie

sich die Wand ein, Times Square riesige

digitale Bildflächen. Mit Rad und Trenchcoat

in die Everglades um die Ecke fahren.

Schmerzen in den Beinen von zu vielen

Laufen, Gelegenheitssex mit einem Anwalt vor

Abreise in den Süden, Hühnerfüße,

Blut, drückende Schwüle, zu staub

Zerfallen, einsinkendes Blumenbeet, trockene

Luft, gleißendes blendendes ocker oranges

Licht, wie wenn man sich in die Augen

drückt. Tod durch verdursten.

Warmer Frauenkörper der sich zu einem

hinwendet.

Einzelne Berührungsflächen, langsames

Schließen der Augen und aufgehende

ausbreitende Hauterregung vom

Rücken aus bis zum Scheitel, Hände,

Knöchel. Ich spüre das beige

Faltenrelief des Lakens und den Geruch

von den Tagen zuvor.

Englischer Garten

Die rote Luftmatratze mit Eis angetrieben

segelt durch ein Männergefängnis den Fluss

runter bei türkisen Abendhimmel umgibt

mich plötzlich eine Schmetterlingswolke, die

Hände vors Gesicht tausend Flügelschläge

verwirren. Das Gras an den Füssen ist nass.

Der Rand ist sichtbar. Auf den Fußrücken

Rollen fallen einzelne Tauperlen.

Farbiger Süden

Die sinnliche volle Farbigkeit des

Südens bei der die Wärme des Tages

Vom Teer der Straße nach oben steigt.

Die Leuchtfarben stehen im Raum und

kommen zu dir rüber. Man kann Sie

deutlich sehen, sie erfüllen den Raum

sodass man sie um sich herum spürt.

Plastikfleisch

In der Nacht immer wieder Ohrgeräusche,

Rauschen, Töne. Ich bemerke sie. Aber sie

sind nicht wirklich störend. Gewöhnung.

Fleischextrakt aus der Tiefe mit Plastik

Umgeben und Feuchtigkeitsfilm. Rastlose

Bilder, erschöpfende zusammenziehende

steife Oberkörperhaltung.

Die Füße tauchen in kühle dickflüssige

Farbe, welche vereinzelt nach oben rollt unter

deinen Rock hindurch, kühle

benetzende Glasperlen.

Die Schwere volle Last sinkt auf mich ein

Der feuchte warme Schoss umarmt mich.

Ein letztes Hineinfügen des Steißbeins

und zucken vibrieren der Wirbelsäule,

Einsinken, Eintauchen in das Wohlsein des

Verschmelzens.

Fassade

Das unangenehme Gefühl in der Fassade

Sogenannte Vorderseite, die wechselnde

Spannung, die außerhalb des eigenen

Einflusses steht, ausgelöst durch Botenstoffe,

hinterlistig, leitend, abschöpfend.

Durch den Suff zerfressende Lebenskraft

die den Gestaltungswillen unmerklich

langsam löchrig macht. Das Gemüt wird

zum Sieb den Druck, Spannung

nicht mehr aufziehen kann.

Spiritus ins Feuer, Knochen nagen,

Weißbier Wodka im Dunkelfeld.

Fernsehpredigt, die frohe Nachricht

Am Venuskranz, die Zähne in

Menschenfleisch schlagen.

Wasserfall

Bergschluchten, Bäche, stürzendes Wasser

unter mir, meiden von Bewegungen um

keinen Schwindel zu erleiden.

Meer

Am Meeresgrund auf sandigen Boden entlang

Gehen und Muscheln, Riffs sehen. Den

Kopf durch die Wasserdecke stoßen, Luft

einatmen durch sanfte Wasserspannung

schneiden, kleine Wellen bauen sich auf.

Unwetter Wolkenberge sieht man am Horizont

bedrohlich und ergießen sich.

Es öffnet sich ein dunkler Gang, Höhle.

Feuchtigkeit benetzt die Haut, Schleier

nah und Fern, der Weg zurück ist verloren.

Da kommen das altbekannte Schulterklopfen,

Tür schlagen du fährts, greifts mir durch

Die Haare den Rücken hinunter an der

Rückseite entlang. Ich drehe mich, dein

Haar fällt mir ins Gesicht durch dich

auf mich. Ich trage, lege dich auf den

Rücken und auf den Bauch und

dringe in dich ein.

Fingerwurzeln

In der Mitte steht ein Baum mit einer

Laubkrone. Die Wurzeln sind drahtige,

wie Finger, die in den Boden ziehen durch

die Erde und führen sich wolkig verfeinernd in

die Tiefe, berühren sich aber nicht, jeder

Zieht seine eigene Bahn durch

Gesteinsschichten, Wasserhöhlen.

Sommersprossen

Pigmentflecken, Sommersprossen, du liegst

neben mir auf dem Rücken die Arme über

die Brust, schön zart mit Haarhautknospen.

Es ist ein wenig kalt ohne Decke. Wir

Sprechen über das was passiert ist. Ich

decke dich zu, umarme dich, halte dich fest,

etwas unbestimmtes ist passiert

Steinbruch

Kopfschmerzen, Schleim in den Nebenhöhlen,

die Über den Hals ausstrahlen. Unwohlsein

beim Erwachen.

Geröll, Kiesgrube, Steinbruch zeigt sich

langsamen Schrittes zum teil tief einsinkend

runter, es ist still, große Maschinen,

Lastwagen stehen dort. Ich steige in mein

Auto und fahre los.

Bleibende Lust

Lust, nacktes Fleisch, kneten, drücken,

pressen in den Furchen entlang fahren,

drehen. In den warmen Mantel hineingleiten,

erst ein Stück mit Widerstand dann Lösen der

Spannung.

Erleichterung langsames eingleiten, Wärme.

Die Umwelt verblast, entfernt sich hier

möchte ich bleiben und nicht wieder gehen

oder aufhören.

Zugkurve

Mit dem Zug in der Kurve, Hang, Neigung.

Der Boden und die Himmelwand projeziert

eindringlich rufend ansaugend schwarz rote

Felder riesig greifbar die Wangen, das Gesicht

streifend. Der Zug scheint schwerelos auf

der Stelle zu fahren, im Blickwinkel das

Glas die eiserne Fassung der Zugwand

Die blau bespannten freien Doppelsitze in den

grauweißen spannplatten mit silbernen Plastik

begrenzten Kabinen. Die Fahrt geht weiter, der

Waggon kippt nach links.

Zug

Eine Wandeinsenkung wie ein Bullauge

aber quadratisch beige, raue Oberfläche.

Darauf steigen runterfahren es ist dunkel

der Lichtkegel verjüngt sich.

Kalte Luft haftet an der Wand. Meine

Knochen spüren die feuchten, spärlichen

Flecken und schwammigen Inseln.

Unten angekommen tauche ich durch die

Mauer steige in ein großes Einzelabteil

in den fahrenden Zug.

In wenigen Momenten werde ich nebenan

Erwartet zu einem Austausch. Anschließend

Kegeln, die Bahn ist nochmals verlängert,

sodass die Holzkegeln in der Ferne nicht

unterscheidbar sind. Mein erster Wurf geht in

die Mitte. Ich räume ab,

Volltreffer, gewonnen!

Im Abteil angekommen empfängt mich ein

zarter Luftstrahl von Außen, im

Fenster spiegelt sich der blauweiße

Himmel.

Freddy meets Britney

Gebogenes Metall und künstliches Licht

In den Raum ausdehnend.

Exakte Linien, Flächen geschnitten, silber, lila,

aus dem Nichts hineingefügte Schriftzeichen,

die sich nicht zu erkennen geben.

Kurz vor dem Zerbersten drohende

Anspannung.Geruch von verbrannten Gummi,

kalte Öl Benzin Schmiere auf der Oberfläche.

Ein Schauer bis in die Beine durch den

Geruch.

Das Glas ist gebogen, man möchte

durchfassen.Dumpfer Lärm dringt hinaus

durch die Türen und Hinterscheibe, beißen

sich durch den Nebel. Ein Hubschrauberrotor

blatt schreit kurz über den Hügel.

Bei dem Vorbeugen kann man kurz

aufleuchtend im Schwarzlicht einen

Frauenkörper Sehen. Volles straffes Fleisch,

welches sich im Sound in der Sonne auftankt.

Am Gesäß in Richtung Lenden senken

sich von Zeit zu Zeit Kaltnebel um

die Hitze zu bekämpfen

Praterinsel nachmittags

schönstes Herbst

Sommerwetter

Brauner Schlamm sickert in Pfunden langsam,

große Stücke sind ausgetrocknet und fest

wenn man drauf steigt kann man es fast nicht

mehr abwaschen. Aus einem Zufluss kommt

eine klebrig riechende, stechende,

allseitig beißende gelbbraune Masse.

Sie schlägt unmittelbar an die Knochenhöhle

an. An einzelnen Stellen wachsen Pflanzen

und es schlüpfen Reptilien

durch.

Das Licht wird schlagartig düster eine

schwere Erschütterung des Bodens folgt der

nächsten.

Eine wälzende Masse fließt auf uns zu

unentrinnbar werden wir begraben und

ersticken langsam.

Hornhaut

Hornhaut klopfen auf den Boden, ein

Schlag folgt dem nächsten in gleichen

Abständen. Darüber schwebt ein mit

dem Klopfen mitschwimmendes laufendes

Gewicht in sich geballt in jede Richtung

plötzlich verspielte Bewegungen machend.

Trocken steiniger Untergrund. Ausschau

haltend, Gefahren witternd.

Nachmittags Praterinsel

sonniges Herbstwetter

Kuchen mit einzelnen grünen Waldmeister

Glittern. Magenbrot mit weicher durch die

Zunge, Gaumen zerfließende Frucht. Lockere,

kühle, saftige Rosinen, die sich umso mehr in

den feuchten Boden einnisten.

Der Geschmack steigt über die seitlichen

Halspartien hoch. Die Käsesahne mit der

Gabel, die ersten Streiche

zarter wie von selbst runterführen. Dann von

der festen Schokoladentorte eine Fingerspitze

nehmen. Intensiv Denken, in sich Sinnen. Das

Gespräch der Tischnachbarn wird durch eine

Sphäre wahrgenommen. In der Mitte noch

deutlich erkennbar dann durch Lichtbrechung

wellig wie ein Prisma aufgegliedert, trotzdem

das Ende herbeisehnend,

um die Abrundung des Geschehens wissend.

Dem verstohlenen frechen Blick wird mit

einem Ins Gesicht geschnippten Krümel ein

schadenfrohes Ende bereitet.

Wolken

Kleine senkrechte Wolken gleiten langsam,

passen sich dem Grund an und suchen sich

den Weg durch Bahnen, Senken und Hügel

einige verfangen sich und warten auf das

nächste Unwetter mit Regen um runter zu

Fließen und sanft zu verschwinden. Es sich

richtet sich auf der Mantel spannt sich, glänzt

im Licht. Es folgt die Streckung, Breitstellung

beim hochziehen bündeln sich die Wolken, der

Mantel ein volles Schild, ein Panzer.

Krapfen

Braune papierdünne Wand mit Kristallen.

Mit beiden Händen über den Kopf ziehen,

auffallen, eintauchen in Gelb vernetzte Waben

mit den Händen auseinander drängen und

über den Rand hinein stemmen. Die Falten

sind zart und geben nach.

Luft gefüllte Kammern, kühler Film.

Die Spalte zieht sich wieder zusammen.

Die Arme, Hände halten die gelben Schleier,

Streben auf die Seite, Reste bleiben haften.

Schließlich senkt sich eine prall gefüllte Hülle,

es reißt auf, eine rote Masse überschwemmt,

fällt auf mich ein.

Ein Guss, ich liege in einem Teich.

Offene Augen

Offenes rotweißes trockenes blättriges Fleisch

belegt mit einzelnen bernsteinfarbenen Perlen,

zusammenziehend, wund, heiß. Goldgelbe

dünne zerbrechliche Stangen zu Haufe in sich

verhakt und Leicht.

Härchen auf reißfesten Grund, glatt, umgreifen

den gespannten Hahn vor den Satz über den

Abgrund aufkommen auf Samt fest

halten in den Spitzen.

Ein Eisenschwert zieht beständig seine Bahn

Runde Wurzeln saugen sich in den Lehm und

breiten die Arme der Sonne entgegen.

Am Zaun mit dem Beil ins Fleisch gesenkt,

Ausschneiden, Abziehen, Eintauchen dann

über den Legen, Schauen schnell

Bewegen Rinde hauen sich im Wald

verstecken aus dem Loch

anfallen umschlingen und zu Boden stürzen.

Greuliches Tier

Ich gehe durch beiges Gelee, einen Zaun,

keine Schmerzen, ist wie aus Pappe. Mit

beiden Händen zum Hammer geballt schlage

ich ein greuliches Tier auf den Kopf. Die

Fußballen rollen über den Kies. Ich Spüre den

Schritt vom Grund bis zum Gesäß. Der

Brustkorb ist da, ausgedehnt. Witternde

Kraft vom Nacken über die Schulter in die

Hände zum Schreiben parallel immer

geradeaus.

Blüten

Mit einem Seemannsköpfer in das warme

Becken, Augen schließen. Mit Sonne geladene

Blütenknospen volle weiche Blätter

beim berühren nachgebend in die Finger

nehmen abfärben und pelzige Flüssigkeit

belassen. Erst sich in die Blüten legen,

Blätter umdecken, umarmen mich. Rückwärts

in die Knospen, Blütenstaub, Nektar, Augen zu

Lichtfluten dringen in mich von

der Fußsohle aus, umgeben mich. Schwerelos

drehe ich zum weißen Licht.

Luftkleid

Schnell über Sumpf, Moos, Lehm

hinwegziehen nah darüber.

Eine Fläche breitet sich aus, stehendes

warmes Wasser. Wir verständigen uns am See

abzubremsen und in die sanfte

geschlossene Wasserdecke aufzusetzen. Es

ist zu kalt zu verbleiben. Ein geflochtenes Nest

wartet auf einen Baum. Ein Abschluss. Da

sagst du du bist erstmals erleichtert nicht

mehr losziehen zu müssen.

Ostbahnhof

Friedenstrasse

nachts hellwach müde

Muskeln

Saures Aufstoßen, Durchhänger, erledigt,

abgekämpft, die Sinne voll dabei, schlafe

nicht ein.

Essen nur zur Not einfach so, weil sonst

nichts zu machen ist. Wenig Nachrichten,

Reaktionen, Hickhack Fechten am Schirm.

Etwas Besänftigendes, was kaum hilft das

Bewusstsein zum einschlafen zu bringen.

Weniger Kaffee, Musik, Autofahren.

Alleine unbemerkt auf dem Dach in der Sonne

liegen, jemanden am Rücken der nicht zu

sehen ist.

Ostbahnhof

Friedenstrasse

Nachts aufgestanden vom Dösen. Unwohl,

müde, Wahrnehmung aktiv. Muskeln hängen

durch Speckröllchen, Taschen,

Knochen schwer in den Waden. Nichts

passendes im Fernsehen. Essig Brot. Dann

halt raus, müde. Angenehme Luft,

warme, schwere, feuchte Kleidung. Schuhe zu

schwer und warm. Zu Fuß unterwegs

Basketball wäre möglich.

Sodbrennen,

schwindlig übermüdet, hätte besser sein

können. Bauchröllchen,

Gestern der Größte, heute erledigt. Man

müsste sich besser erholen lassen.

Event

Soviel zu sagen, die Stimmlage einstellen, die

Melodie finden. Fehlverhalten, Defizite wie

gewohnt, belehren. Aufmerksam

machen, unverhofft beteiligt, sich aufsetzen.

Briefe, Regelkreisläufe, da eine Öffnung, ein

Lichtblick. Ein kullerndes Lachen. Eine

Drehbuchlücke, ein Step, ein paar moves like

on the dance floor. Ein L-Bow Check, eine

Magenschwinger vorbei an kleinen Pos,

Brüsten unter T-Shirts und Augen, an die Luft

die Treppe hoch.

Metallsteinwetter

Große Anlagen, leer, Regen. Erleichtert, in der

Funktion beschildert. Man könnte, es ist nicht

erlaubt. Zugesperrt, Gitter, erreichbar. Man

muss mit Strafen rechnen, gestellte

Situationen unbequem, das Motiv, die Absicht

kann so nicht erfüllt werden.

Regentropfen, kalte Luft zieht einem die

Wärme ab. Steine, Metall, Bäume, Laternen,

Anzeigetafeln.Wenn doch jemand zufällig aber

gewissermaßen erwartet zu mir ins Auto

käme.

Die Straßen sind leer

Die süße Nachspeise. Endlich wiedermal

nachts raus, befreit, alleine mit guten Spots.

Regen, kalt, zu Fuß gings nicht, mit dem

Auto verboten, braucht man Platz.

Rundherum wenig zu sehen außer der

Bundeswehr. Alle möglichen uniformierten

Autos vom Rettungssystem, Polizei,

Wachschutz, keine Feuerwehr. Straßen von

Autos nahezu leer.

Im Regen etwas zu machen ist schwierig, hat

seine Anziehung. Die Straßen sind leer.

CAP auf dem

Nachhause weg

Regentropfen feucht, schwerst dampfend,

Tigerjagd. Blitze, Wetterleuchten,

Sichtschienen verschiedene Ebenen. Müde

nachdem Fernsehen, Holzbalkon an der

Rosenheimerstrasse,

mit neuer Sicht habe ich nicht gewusst,

eigentlich wollte ich an Frauen denken und

machen. Nachts in der Tram mit Wasser

Perlen guten Drinks und Snacks in das

Zeitlose, sich berühren überall, nichts an.

Über den Hagelschauer

Noch hat das Wetter nach Außen gelöscht,

nach einer durchschlafenen Nacht und Tag

endlich raus, unerwartet aber passend zu den

schwülen und feuchten Wetter ein eisiger

körniger Hagelschauer wie Perlenketten,

Schnüre erst schräge dann zum Schluss

gerade. Fenster zu, Angst dass die Fenster

überläuft. Eine Erleichterung zu dem Vortage,

die Feuchte, Kälte treten abgekühlt an. Eine

Naturereignis, kein Schaden an Haus und

Auto.

Den Menschen ganz nah

Ein vertaner Tag ? Hoffnungen werden

angedeutet, Strichregen dauernd lästige

Büroarbeit erschwert von Taschen

hochtragen. Es dampft im Auto. Das

Sonnenwetter klar erst mal unterbrochen,

unbeweglich wenig Sport voll rund gerade erst

gegessen schon muss eine Ladung

sich dem Wasserwerk runterdrehen.

Immerhin den Tag bewältigen. Die Libido,

wenn auch allein, traumhaft in der Nacht in

der Früh, wache Träume, erhöhte Lust,

erhoffte Menschen ganz nah.

Ohne Fernseher

Spazieren gehen am Abend an bekannten

Orten und Bildern. Erwartetes ist weg,

Umgebungen lassen sich nicht einfangen

der fade Beigeschmack wuchert hinein,

Wasser, Licht, Brücken.

Menschen erinnern mich, Fernsehen.

Immerhin die Beine vertreten, Abendluft und

deinen anderen Blickwinkel.

Menschenleere, die Straßen nahezu

ausgestorben.

Ein Abend alleine,

Selbstunterhaltung ohne Fernseher eine

kleiner Sieg. Die Lust hat das Wohnzimmer

nackt erobert.

Unheimlicher Schlag an der S Bahnstation

Es ist kalt an einer S Bahnstation. Ich gehe

den Bahnsteig entlang gegen die

Fahrtrichtung. Männer mit Mantel und Schal

kommen mit entgegen. Einer kommt mit

näher, einer schaut mich an unangenehm,

bedrohlich, geht aber weiter.

Es wird kälter, eine S Bahn fährt ein ich laufe

mit gestelzten Schritt kurz vor dem Einsteigen

erneut ein Mann mit Mantel ich fühle mich

verfolgt bedroht.

Ein Reflex beim vorbeigehen, schlag ich ihm

tief in den Bauch, steige ein und setze mich in

ein leeres Abteil, in der Nähe ältere

gut angezogene Herrn und Damen.

Nachdem Frühstück

auf dem Klo

Immerhin ein wenig erholt nach Wochen des

sich höherschraubens, getrieben werden,

sinnlicher Überreizung.

Zeitgenössische Sprache habe ich

verschlungen, hoffentlich finde ich was neues.

Leute die wie Dreck behandelt werden, wollen

wie auch immer keine inhaltliche Ziele,

Einstellungen zum Apparat. Einordnen,

Einspannen für einen Zweck im Namen des

Gemeinsinns.

Schon wieder um

Vier aufgestanden

He du spürst wohl immer mehr und mehr! Mir
ist schon schlecht und übel. Ständig holst du
mich aus dem Schlaf, gespannten
Rücken, Ohrsausen, trockener Mund,
verklebtes zerschwollenes Gesicht.

Wenn ich schon nicht Schlafen kann, dann mit
einem Fast Car im Renn Slalom auf der
Autobahn quer durch das Land fahren.
Angst davor dass man beim Schiffen in der
Wenn ich schon nicht Schlafen kann, dann mit
einem Fast Car im Renn Slalom auf der Auto
bahn quer durch das Land fahren.
Angst davor dass man beim Schiffen in der
Raststätte verloren geht und das Auto weg ist.

Auf der Straße durch die Kurzen Rosen an

dunklen Landschaften, Lichtpunkten mit

Beton das einzig Bebende und

das wie ein Eisenträger den Leitplanken

entlang. Hartschalensitze, kleines Lenkrad.

Ein Sog entsteht, zieht mich in sich, kein Sinn,

Schwermut gefangen sein, sich im Kreis

drehen, Ausweglosigkeit, raus über die

Ausfahrt. Es ist warm, ich zieh mich aus und

lege mich an einen See, tauche ein. Alleine

nachts, die Vögel zwitschern, unterhalten sich

lebhaft, bald geht die Sonne auf.

Schlaffleisch

Dauernd Schlecht schlafen und im

Nachhinein kichern. Aus den in den Rhythmus

jemand will mich mit Drogen garnicht aus

meinen bestimmten Rhythmus bringen,

Bewusstseinzustand. Volles Fleisch liegt am

Boden mit klaren Vorstellungen

ungenutzt. Eine kleine aber wichtige Mansarde

in der Innenstadt. Sushi und Bier mal eben

von dort zu Fuß kichernd.

Halb Wach am Horizont füllig

zusammengesteckt am offenen Fenster mit

großzügiger Sicht hochoben. Essen die Hände

und zum Unterarm mit warmen Schoss

bedeckt die Hände Überall.

Durch die Nacht,

Schlaflosigkeit, Schmerzen,

Unwohlsein. Erstmals Schlafen

Richtung Flussabwärts

Telepathische Liebe immer anwesend

angefüllte voll, was mach

ich als nächstes? Die letzten Stöße steil

Ergießen Pressen zusammendrücken.

Zeichen hier meine Symbole zusammen am

Tisch in der Sonne liegen.

Was mache ich als nächstes ?

Du schreibst mir Briefe, Drehbücher mittelbar,

zusammen.

Was mache ich als nächstes ?

Du bist stumm beim Einkaufen.

Etwas für eine Wohnung

aussuchen.

Neugierige Blicke Beobachten trotzdem gibt

es viel zu Lachen,

Grimassieren und komische Faxenmacherei.

Zarter Widerstand

Rasche Antwort reingesponnen. Nachdem
Spazierengehen weil ich schlecht geschlafen
habe und übernächtigt bin konnte ich
die Arbeit nicht fortsetzen, das Netzwerk
fehlerhaft. Mehrere Hinweise auf
Störmeldungen. Aber ich freue mich über
die Nachricht. Nahezu Online und so
angenehm geschrieben.

Eine Geschichte mehr war nicht drinnen. Eine

Kuh die ich wohl vergessen hatte musste

gemolken werden. Aus dem Fenster

konnte ich einen feinen nicht melkenden

Widerstand sehen, der drückte und saugte.

Eine Hülse, Gleiten, Ziehen nah Bälle in die

Hand und den Mund.

Danach verzögert zum Boden die Warme

ausgemessene bekannte Masse.

Herstellung und Verlag:
BoD – Books on Demand, Norderstedt
ISBN: 9783757806415

FSC
www.fsc.org
MIX
Papier aus ver-
antwortungsvollen
Quellen
Paper from
responsible sources
FSC® C105338